U0076560

一探究竟

吞噬一切的山火

山火，也被稱為野火、林火、森林大火，指發生在林野間，難以被人類掌控的火災。山火有強烈的破壞性，會給森林生態系統和人類帶來巨大的危害和損失。嚴重的森林大火會吞噬森林的一切。

（圖片來自：mmbizapi.cn）

森林大火不僅給森林帶來危害，如果火勢過於猛烈，甚至會蔓延至城鎮，摧毀城鎮內的一切事物，危害到人類的性命。

引發山火的主因

山火的爆發必須具備三個條件，分別是：

可燃物

森林內的可燃物泛指森林內一切能引起燃燒的有機物，例如森林中的樹木，地上的苔蘚、枯枝落葉甚至是泥炭都屬於可燃物，右圖中的地衣在森林燃燒時的助燃力很強，加劇火勢蔓延。

（圖片源自：blog.sina.com.cn）

火源

火源可分成自然火源和人為火源，小至營火，大至雷擊，都有引發山火的可能。

（圖片源自：miilehirafting.com）

（圖片源自：www.borongaja.com）

氧氣

物體燃燒需要氧氣作為燃料，而引發森林大火更是需要充足的氧氣。當空氣中的氧氣含量減少到一定程度時，火勢就會逐漸變小，直到完全熄滅。

發生森林大火了！小太陽能捉到引發大火的犯人嗎？而身陷火海的小太陽又應該如何逃出生天呢？

角色介紹

個性
非常有時間觀念，急躁，愛催促大隊。

超能力
一部時光機，能控制時間，不但能回到過去，穿梭到未來，還能讓時間停止。

個性
自我感覺良好，總覺得自己是高水準動物。

超能力
身體裡面的魚是思維的控制中心。模仿能力很強，可以變成任何物體。遇到險境時，是隊裡的逃難救星。

哆哆

圓圓

苗苗

太陽

小陽

個性
比較害羞和溫順，是善良可愛的小植物精靈。

超能力
不斷地向它澆水會變得非常巨大。在遇到頑敵時，是小太陽隊裡的殺手鐧。

個性
聰慧冷靜，反應敏捷，脾氣溫順，但囉唆愛嘮叨。

超能力
體內充滿太陽能，能發電，具有讓生物復活的特異能力。

個性
急性子，迷糊。平日好玩，常自作聰明，好奇心重，但本性善良，視大陽為偶像。

超能力
太生氣時，頭上會射出高能量的藍火焰。藍火焰會將周圍的東西燒焦。

FOREST FIRE

石頭 (Stone)

本書主角，小時候因為
玩煙火引發森林火災，
被動物所救，長大後立
誓要保護森林。

剪刀 (Scissors)

石頭的好朋友，相對於
石頭的衝動，他在處理
事情時更為理智。

阿布 (Bu)

石頭和剪刀的同學，
個性豪爽。

郝艾錢 (Money Hao)

無良開發商，計畫砍伐整座
森林，以開採森林中央礦山
內的資源。

膽小鬼 (Coward)

郝艾錢的手下，
身材高大但卻膽小
糊塗。

馬屁精 (Flatter)

郝艾錢的手下，善
於拍馬屁，時常欺
負膽小鬼。

讓我先點燃一個⋯⋯

鏘鏘！這下可以盡情地放煙火了！

嘭！

好美！

再點一個看看。

滋一

咦?

怎麼回事?
怎麼不著了?

哇啊!

嗚!

好燙!

啪!

啪—

嚇死我了!

咦?

森林著火了!

糟了!

第一章
猛鬼森林

就在那座小山的山腳下！那裡有非常豐富的稀有金屬礦，只要開採處理……

我就能賣了賺錢，無數的錢，到時候我就富可敵國了，哈哈哈！

轟隆

轟隆

要下雨了，下去吧。

是！老闆！

膽小鬼，還不快給我搭帳篷！

嗯？

老闆，我忘了將帳篷帶下車……

你說什麼？忘了？

你這個笨蛋！不只是膽小鬼，還是個糊塗鬼！

對不起老闆，我錯了……

那邊有個墳墓,嚇死我了!

只是一個墳墓,怕什麼?帶我去看看!

老闆,就在那邊!

老闆,剛才我們進來時好像沒有看到這個墳墓,有點詭異……

這不重要!還有更詭異的事情,你們看看墓碑!

什麼!

這……這不是我的相片嗎!

21

到底怎麼回事……

老闆，這裡有點古怪，我們還是先離開吧！

嗯，也好。

老闆，等等我們呀！

別吵，給我加快腳步！

哼，下一次進來，不管是什麼妖魔鬼怪我都要剷除掉！

沙沙——

嗯？

到底是誰！

老闆，怎麼了？

沒……沒什麼。

漫山火海

山火按其性質不同可以歸為幾個類別，主要可分為地表火、樹冠火和地下火。

（圖片源自：www.geocities.jp）

地表火

地表火

地表火指在森林的地面燃燒並蔓延火勢的火，主要是以地上的苔蘚、枯枝落葉以及其他地表植物作為燃料而引發的。地表火能摧毀地上大部分幼苗和小樹。而大樹的根部和貼近地面的部分樹幹也會被燒傷，影響其生長，甚至枯萎。

樹冠火

當地表火遇到枯立木或低垂的樹枝，火勢就會蔓延到樹幹上方成為了樹冠火。若加上強風，樹冠火的火勢會蔓延得更快，對森林的破壞性也會更大，更難被撲滅。

樹冠火

FOREST FIRE

地下火

地下火也被稱為地下煤火，是指地面下埋藏著煤的地層接觸到了空氣之後，產生自燃，或是因為其他因素而在地表下大規模燃燒的火焰。地表火發生後，地面上周圍的溫度會變得非常高，對當地環境產生很大的影響，甚至會讓該地區變成無法居住的不毛之地。1962年美國森特勒利亞鎮（Centralia）因為地表下的煤層被點燃，導致一發不可收拾的地下火，全鎮居民被迫放棄小鎮，遷移到其他地方。

（圖片來自：640centralia-1000x750）

被遺棄的森特勒利亞鎮

森林火災以受害的森林面積大小做為標準，分為以下四類：

類別	判定標準
森林**火警**	受害森林面積不足1平方公尺或其他林地起火（包括荒火）
一般森林火災	受害森林面積1平方公尺以上，不足100平方公尺
重大森林火災	受害森林面積100平方公尺以上不足1000平方公尺
特大森林火災	受害森林面積1000平方公尺以上

第二章
鬼怪背後

今年的旱季，天氣特別乾燥炎熱，很容易引發森林大火。

一定是森林之神撲滅的！

昨晚**恐怖森林**又發生了火災，但當消防員抵達時，火已被撲滅了……

森林之神？

那是什麼東西？

據説**恐怖森林**裡住著一位森林的守護神！

請坐。

嗯！

你有什麼和鬼怪有關的線索嗎？

有！

你看，這就是昨晚我從鬼怪頭上扯下來的頭髮。

頭髮？讓我看看。

嗯……這只是普通的拖把布而已。

什麼？那就是說根本就沒有什麼鬼怪，是有人在裝神弄鬼唬弄我！

真的嗎？那這事情就拜託你了！

放心，這案子包在我身上！

這就要等調查之後才知道了。

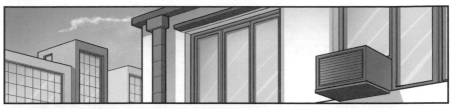

砰！

嗚！

小陽！別睡了！快起床！

原來是大陽啊⋯⋯什麼事情呀？

剛才我接下了自我們偵探社開辦以來的第一件大案子喲！

真的嗎？實在是太棒了！

那你趕快去查案吧，我繼續睡覺。

小陽？

小陽，有大案子啊！

那你快去啊，我睡醒就來。

知道啦！知道啦！快放開我的手！

啪啪啪！

每一天只知道睡覺，快起來和我去查案啦！

我睡醒就會來了……真的……呼……

算了！我自己去，你這懶惰蟲在家裡睡個夠吧！

好……呼……

同學們……

環境保護

森林對減少二氧化碳、鞏固土壤、提供動物棲息地和食物、淨化……

以及涵養水源等方面有著重大作用。森林原本占有陸地面積的50％，但隨著工業的發展，如今只剩下30％……

石頭，快起來，老師過來了！

**阿布
石頭的好友**

因此，我們一定要好好保護森林。例如在森林露營的時候，要小心用火以免引發……

算了，我盡力了……

森——林——大——火！

石頭，你想睡到什麼時候！

森林？大火？

說！到底怎麼回事？石頭睡覺就算了，剪刀竟然也在上課時睡覺！

你們倆一定有東西瞞著我，趕快從實招來！

是嗎？既然有人不說，我就去問他們的父母好了。

別！我們說！

呃……其實也沒什麼啦！你不要想太多。

是啊，你想太多了。

這樣啊！

其實是……這樣……那樣……

那好，我也要去，你們乖乖地在這裡等我換好衣服。

是……

你們兩個……

這就是你們的
祕密基地？

鏘鏘鏘！我們到達
祕密基地了！

是呀！

這麼破舊的地方，
能有什麼好東西？

你進去就
知道了。

哇！

鬼啊⋯⋯

暈

阿布，那是
假的啦！

這是我們自己製作
來保護森林的。

啊！阿布你
也來了。

你們怎麼那麼遲呀？

他們在課堂上睡覺，結果被老師留堂罰站。

原來是這樣，哈哈！我今早也是睡得很沉，醒來的時候發現自己躺在地上，什麼時候掉下床的也不知道。

你們竟然都能睡得那麼好，一想起昨晚的事我根本無法入睡……

昨晚？

是呀，昨晚……

哈哈！看你們還敢不敢再來！

轟隆

幸好及時把火撲滅了，不然後果不堪設想！

雖然旱季結束了，但我們還是要更謹慎才行！

旱季？

每年的這個月份是最少雨的時候，天氣特別乾燥炎熱，很容易引起森林火災。最嚴重時一年內森林裡發生了2000多宗小型火災。

從此以後，為了報答動物們的救命之恩，我就決定保護這座森林！

明明只是普通的燒傷而已……

至於那個開發商，你們看看這些資料吧！

這個郝艾錢是一名礦物大亨，以經常使用破壞性開採礦物的方法而聞名於國際。他在**恐怖森林**中心的小山發現了大量的稀有金屬。

郝艾錢買下**恐怖森林**，表面上是為了發展旅遊業，實際上是掩人耳目，以此非法挖掘稀有礦物！

所以，我就拜託小陽、圓圓，幫助我們趕走郝艾錢！

禍害重重

一座森林的成長需要數十年的時間，甚至更久，但一座森林的毀滅卻只需三天到五天，甚至更快。山火的發生對人類來説不僅是森林的損失，山火所帶來的危害更應該為人類所重視。

燒毀樹木

山火發生後森林內大量的樹木會在火中被燒毀，沒被燒毀的樹木也會引起蟲害，而燒傷的樹木日後的生長也會受到影響。樹木的減少將影響生態環境，動物流離失所，二氧化碳無法被吸收，全球暖化更嚴重。

水土流失引起山洪暴發

山火使地表的樹木減少，使土壤裸露在外，這些肥沃的土壤會流入河中，使土地變得貧瘠，甚至無法再種植植物，而在下雨天更容易引起河流氾濫，引起山崩、水災等災害。

生靈塗炭

森林是許多動物的棲息地，許多動物在山火發生後都難以倖免，即使倖存，也會因為失去棲息地而無法生存下去。

空氣嚴重受汙染

森林大火會釋放大量有害氣體，造成煙霾，導致嚴重的空氣汙染，危害人們的健康及影響人們的日常活動。老人、兒童、哮喘病、肺部疾病和鼻子敏感等病患更是高危群體。印尼就曾經發生一名15歲少女因為煙霾引發急性呼吸道感染而死亡的病例。

日常活動及
經濟利益受影響

印尼農民燒芭（火耕）開墾農地，大量煙霾隨風吹到上空，給印尼自身以及鄰近的新馬兩國帶來很大的危害。為了顧及學生的健康，學校必須停課，學習進度受影響。航空公司

也以安全作為主要考量，當空中能見度降低時，航班被迫取消，造成經濟損失和人們的不便。

第三章
大陽捉妖記

正義大陽駕到

鈎

唉唷！

老闆，他看起來呆頭呆腦的，真的靠得住嗎？

先觀察看吧！

大陽偵探，這裡
就是我們昨天……
這是怎麼了？

四周一切正常，
除了這鞋印……

看來你們
走了之後，這裡
發生了火災。

雖然這些鞋印很
凌亂，但特徵還是
能辨認出來。

去除你們的鞋印後
剩下的這些……

是嗎？那偵探先生
你有什麼發現嗎？

就是犯人的鞋印了，
根本沒有什麼妖魔鬼怪，
全都是人裝出來的！

什麼！居然有人
敢如此戲弄我！

掃描分析中……
判斷為13歲以下
兒童的鞋印。

什麼！
小孩子？

看樣子這位偵探先生
還滿靠譜的。

不過這鞋印
有點熟悉，好
像在哪裡見
過……

偵探先生，
有什麼問
題嗎？

啊？沒什麼，
我們去看看火災
現場。

嗯……沒什麼發現，
這單純是由乾雷暴引
起的火災。

乾雷暴？

乾雷暴是指沒有降水時的
雷鳴、閃電，多發生於炎熱乾
燥的天氣，若雷電劈中樹木，
很容易引發森林火災。

老闆！
偵探先生！
鬼又出來了！

救命啊！

老闆在那兒！

老闆，有妖怪……

哇啊！

你們找我？

鬼在哪兒啊？我怎麼沒看見呀？

跑……快跑呀！

喀啦喀啦——

不好了！又有妖怪追上來了！

這一次又是什麼東西啊！

好痛！

唉唷！

嗒

嗒

59

天災常識

不堪回首

美國和澳洲是世界上發生最多次森林大火的國家，澳洲是全球最乾燥的大陸，加上當地氣候炎熱、多風，因此非常容易引起火災。

2009年，澳洲發生了號稱該國「百年來最嚴重自然災害」的森林火災，當時其國內的維多利亞州（Victoria）有400多處山火，受災面積達33萬公頃，相當於半個新加坡的面積。該山火造成173人死亡，414人受傷，750所房屋被燒毀，造成5000人無家可歸。這場大火災造成直接和間接的經濟損失恐怕超過20億澳元，相等於420億新台幣左右。

（圖片源自：gb.cri.cn）

直升機正在鋪撒乾粉滅火劑

（圖片源自：gb.cri.cn）

消防員們正在嘗試控制火勢

（圖片源自：gb.cri.cn）

被濃煙燻死的袋鼠

（圖片源自：www.dw.com）

火勢超出了消防員的掌控範圍

FOREST FIRE

另外，美國西部的加利福尼亞州（California）也屬於山火頻發的地區。加州在夏秋季時的氣候乾燥高溫，林內又布滿灌木和野草，很容易起火。再加上全球氣候變暖，加州降水減少，一旦發生火災，火勢就難以控制。加州的山火已經成為當地人全年的威脅。

（圖片源自：blog.xuite.ne）

大火沿著馬路蔓延

2007年10月，加州南部30多處發生了火災，並持續了一周，燒毀了1500所房屋，迫使90萬人疏散，9人在火災中喪生。這場火災蔓延超過2000平方公里，相當於3個新加坡那麼大。

（圖片源自：blog.xuite.ne）

即將被火焰吞噬的加州城鎮

（圖片源自：blog.xuite.ne）

災民爭相逃離加州所引發的
交通阻塞

（圖片源自：blog.xuite.ne）

排隊領取食物和水的難民

第四章
無法無天

大陽，為什麼你要去幫助那些壞蛋！

明明是你們先惡作劇害人，竟然還惡人先告狀！

整天只會做些無聊的事！

哪裡無聊了！是你多管閒事！

大陽，別生氣了！

大陽，小陽，別吵了！

真不知道石頭在想什麼，但大陽竟然沒有反駁……

哦？難道真的事有蹊蹺？

感覺有點丟臉，但這是我的夢想！

聽好了，你們還是學生，應該好好讀書才對，保護森林是我們大人的責任。所以……

所以？

你們都乖乖回家讀書去吧！就這樣，再見！

大陽！

碰！

可惡！我們才不會就這樣放棄呢！

阿布？接下來該怎麼辦？

時間不早了，我要回家了。

石頭你呢？

我要再去一趟森林，我不會放棄的！

那好，我也去！

64

這也太誇張了吧！

這是怎麼辦到的？

誰知道呢？反正我們是沒辦法進去了。

我得想想辦法……

郝艾錢一定是在裡頭做一些犯法的事，否則根本不必建這麼高的圍牆！

我們必須找到他做壞事的證據才行，可是進不去就無法找到證據了。

我看看……有辦法了！

剪刀，還記得我們小時候怎麼爬繩子吧？

記得呀，怎麼了？

你不會是想用抓鉤吧？

沒錯，這可是目前最好的辦法了！

喝！去吧！

不行，我必須得在這裡，這樣才有機會搜集他們破壞森林的證據！

可是……

沒什麼好可是的！現在阻止他們還來得及，一旦他們開始大規模砍伐，那森林就完了！

那不如這樣吧，我把兔子安置到祕密基地去，再去找大陽。你自己小心行事，不要衝動！

那好，你也小心！

郝艾錢這壞蛋！竟然在旱季期間在森林內點火！他知道這有多危險嗎！

不過這樣也好，方便我找到你們！

就在那邊！

我得小心行動，否則一旦被發現就糟糕了。

我一定要教訓這班壞蛋！

劈啪！

膽小鬼！羊腿好吃嗎？

好……好吃！

那你知道有一樣東西更好吃嗎？

不……不知道。

那就是……

昨天的兔子肉真好吃！吃起來滑滑嫩嫩的，有機會我們再抓一隻烤來吃！

瞧你這土包子，只是一隻兔子就吃得這麼開心。

不知道還有沒有鹿肉、老虎肉等等，真想嘗嘗！

拜託，抓到老虎得賣給馬戲團才對，老虎可是很值錢的！

前提是你可別被老虎吃了！

就是！瞧你這樣子還妄想抓老虎……

馬屁精，快去請老闆來吃飯。

哦！好！

膽小鬼，別把羊肉吃光，我還要吃的！

知道啦！

嗯？他要到哪兒去？

旅行車？

老闆！不要啊！我錯了！不要把我……

哼。

不必幫我脫衣服！我自己來！

怎麼這裡會有裙子！

哇！還有假髮、化妝品！救命啊！

先生們，讓我們歡迎煥然一新的馬屁精小姐！

……

……

呃！

哇哈哈哈哈哈……

哇塞，我到底看到了什麼東西？

74

老闆，食材都在這兒！
就看你想吃什麼。

有什麼
好吃的？

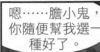

嗯……膽小鬼，
你隨便幫我選一
種好了。

沒問題……

唉唷！

老闆你放心，
我會給你挑最
好吃的！

啊！

那好，
交給你了！

我的手好痛
啊！

天災常識

事出必有因

森林大火的發生主要是由於有火源的產生而引起的。發生森林大火的原因主要分為以下數種：

人為火患

事實上，許多森林大火都是人類自己用火不慎造成的，這幾乎占了所有起火原因的95%。而引發這些大火的源頭又可分為兩種：

a. 生產性火源

泛指工業和生產用途所引發的火源，例如農民在燒毀田間雜草，堆積肥料以利種植時，沒有將火苗完全熄滅，結果火勢蔓延到周遭的田地或森林。此外，一些商

開發商透過焚燒森林以節約砍伐森林的成本，但往往因此引發森林火災。

家在發展土地時，為了節省砍伐森林的費用，不惜故意縱火，結果火勢失控，導致山火一發不可收拾。

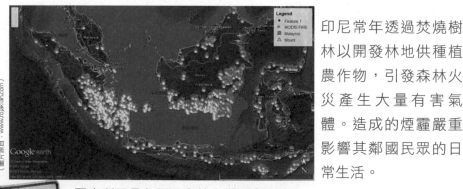

（圖片源自：www.rojaklah.com）

印尼常年透過焚燒樹林以開發林地供種植農作物，引發森林火災產生大量有害氣體。造成的煙霾嚴重影響其鄰國民眾的日常生活。

圖中所示是各國因森林火災而產生的火點，印尼的火點最多。

FOREST FIRE

b. 非生產性火源

在森林中燒火取暖、野外燒烤、燃燒爆竹甚至是小孩玩火等，不以焚燒森林供生產或工業用途而意外引發的火源都可歸類為非生產性火源。

人們在林中生火後沒完全熄滅火苗是引發火災的原因之一。

看起來非常絢麗的煙火，卻隨時會成為引發森林火災的元凶。

天然火源

所有引發山火的大自然現象都可歸類為天然火源，包括雷電、火山爆發、熱浪、乾旱和週期氣候的轉變，例如聖嬰現象（El Nio）這些現象都有引發山火危機的風險，但因為這些原因所引發的山火個案並不多。

在不同的季節裡，發生山火的機率也有所不同。在降雨量低的乾旱季節，森林裡非常乾燥，地上的枯葉等物質都是非常好的燃料。這時候，哪怕只是一點火苗都可能引發一場大火。在雨季時，森林內濕度上升，山火發生的機率也相對地減低。

（圖片源自：www.greenpeace.org）

乾燥的地面將增強火勢的蔓延

（圖片源自：baike.m.sogou.com）

雷電所引發的火災

第五章
山火燎林

這……
這是……

天堂！這裡一定
是天堂啊！

我的！我的！
全都是我的！

咦？

哇啊！

十五分鐘前……

讓我來說個鬼故事……

好疼！

石頭，我們要不要先回家休息啊？

不行！

都什麼時候了，還在這裡胡鬧！

他們一定還會有動作的，我們必須在這裡徹夜監視才行。

真有毅力，我欣賞你！

你們的感情什麼時候這麼好了？

也謝謝你幫忙治療兔子喲！

大陽，不好了！森林著火了！

我去看看，你們快通知消防局！

好！

大家準備好！我數1，2，3，所有人打開滅火器！

是！

1！

2！

3……

停！

呃！

唉唷！

要採礦首先要砍伐周圍的森林，如果現在火災將森林燒光了，我就可以省下一大筆砍樹的錢……

馬屁精，你過來！

是！老大！

你們幾個……森林燒光……滅火器……

只要保證我們……

知道了！

不要燒啊！
我的豪華旅行車啊！
我的勞力濕手錶，
我的阿媽尼套裝
統統在裡面啊！

唉唷！

B……BOSS……
SOS……

檢查是否還有火種殘留，若有的話用山火拍撲滅！

啪

嗒！

石頭！趕快把動物引導到安全的地方去！

是！

圓圓快釋放水幕開關安全通道！

是！

超級水幕！

天災常識

逃出生天

雖然一般人碰上森林大火的機會不高，可是我們也必須知道遇上森林大火時的基本應對方式！萬一真的遇上森林大火，才有辦法自救救人。

確保呼吸順暢

森林火災會釋放出濃煙和一氧化碳，吸入過多一氧化碳將造成缺氧及中毒。如果情況允許，要用濕毛巾遮住口鼻，也儘量把身上的衣服弄濕，讓身體獲得多一層保護。

密切注意風向變化

逃生時一定要往逆風的方向逃，切忌順風。因為風向的變化顯示了大火的蔓延方向，如果現場刮起5級以上的大風，火勢就會失控。所以一旦逃生方向錯誤，就很容易造成傷亡。

FOREST FIRE

臥倒躲避

如果濃煙來襲的時候來不及躲避，可以想辦法尋找周圍無可燃物的平地臥倒。但必須謹記，千萬不能選擇低窪地或坑洞地帶，因為這些地方容易沉積煙塵，讓人窒息而死。

往山下逃

大火來臨時，如果所處的位置是半山腰，要快速向山下跑。切忌往山上跑，因為通常火勢向上蔓延的速度比人跑的速度快得多，因此往山上逃反而會增加遇難的風險。

順利脫離火災現場後，依然必須提高警覺，防止野獸和昆蟲的侵襲。此外，我們也應該查看一起結伴出遊的朋友是否掉隊，及時求救。

第六章
無敵砍樹機出動！

好濃的煙！

昨晚明明已經把火撲滅了，現在卻依然彌漫著濃煙。

森林裡出現了好幾處火點，我們得阻止火點的數量繼續增加，避免再次爆發森林大火。

啊！

小兔子！
小刺蝟！

快出來啊！
你們不能
有事啊！

石頭……

難道小兔子
牠們已經……

石頭……

石頭！往河的方向
有小動物的腳印，牠們
可能逃到河邊了！

真的嗎？我們
快去河邊！

連河裡的魚也死了……為什麼！

為什麼會這樣？不但森林毀了……

森林大火燃燒時會產生大量黑色物質，這些物質流入河內，會吸收大量的熱量，使河水水溫升高，河內的魚會被高溫活活煮熟而死……

可惡，他們太過分了！

石頭！

小兔子！你在哪兒呀！

先戴上口罩！濃煙會損害你的呼吸道的！

小兔……咳咳……你們在……咳咳！

石頭，夠了！快把口罩戴上！

99

咔嚓!

嘭!

吱吱!

太厲害了!照這進度剷除整座森林根本輕而易舉!

哼哼……這就是機械和金錢的力量,絕不是那幾個小鬼可以阻擋的!

膽小鬼,叫馬屁精加快速度,在天黑前開闢出通往小山的路!

是!老闆!

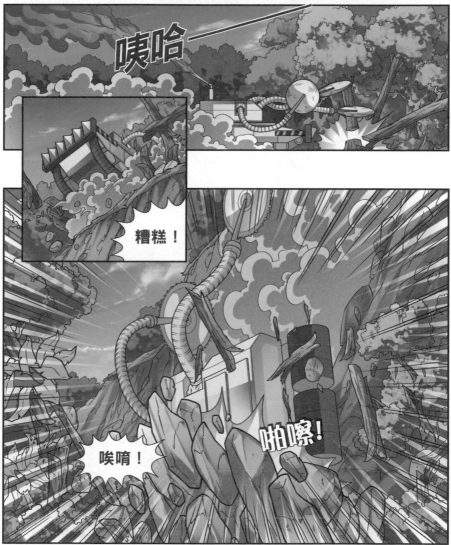

死亡荊棘叢！
小兔子一定是跑到
裡面去了！

不能顧慮這麼
多了，要趕快
救牠們！

石頭，別弄了，你這
樣會弄傷自己的，讓
圓圓出馬吧！

可惡，好疼！

石頭，
讓我來吧！

啪嚓！

滅火行動

山火發生之後，應該刻不容緩地展開滅火行動，將火災造成的損失減到最低。一般上，消防員會先控制火勢蔓延，再消滅餘火。進行滅火行動時，消防人員會依據不同的情況，利用不同的工具和方法滅火。

撲救森林火災的方法可分為下列幾種：

直接撲救

直接滅火適用於弱、中強度的地表火，消防員可以近距離滅火。直接滅火包括火拍撲救、以水滅火、化學滅火（手提滅火器滅火）及風力滅火。

火拍法

以雙手握持山火拍的手柄，並向火焰的底部反復進行拍打，直至火焰熄滅。山火拍只可用於撲滅山火，不可用於石化燃料、電氣設備或家居引發的火災。

（圖片摘自：www.thestar.com.my）

風力滅火

物體燃燒需要很高的溫度和氧氣，因此風力滅火能使強風瞬間吹散燃燒物產生的火苗和熱量，使得火苗和燃燒物隔開，讓燃燒物的溫度下降，火苗就會消散，但這方式只適用於小型山火。

（圖片摘自：www.zou1.com）

FOREST FIRE

間接滅火法

當強烈的火勢無法透過直接撲救撲滅時，消防員就必須以斬斷火源的方式來滅火。消防員會架設防火線，或挖防火溝，防止火勢蔓延出指定的範圍。

人們正在設置防火線，避免山火發生時蔓延到防火線的另一邊。

航空滅火

在交通不便的偏遠山林區，安排飛機或直升機在火場附近空降消防員，迅速組織群眾一起滅火。此外，還可利用飛機噴灑滅火劑，借此形成隔離帶阻截火勢蔓延開來。

（圖片來自：www.tarsuonet.com）

人工降雨

如果山火發生在旱季，可以透過人工造雨的方式滅火。藉由降低雲層中的溫度，使雲中小水滴凝聚形成大水滴，從而實現降雨。

第七章
惡有惡報

小陽，靠你了！

沒問題！

藍火焰！

什麼東西？

難道是受傷的小動物？我得救牠們才行！

先把小兔子放在這兒……

小兔子，我很快就回來，等我！

找到了！

咦？

對不起，我還以為是受傷的小動物。抱歉，打擾你儲存食物了！

嗯？那邊發生什麼事了？

砰！

唉唷！

我的屁股好痛……嗯？

真是踏破鐵鞋無覓處，得來全不費工夫！

糟了！

既然自己送上門來，那就不用客氣了，把他捆在樹幹！

放開我！你們這群壞蛋！

是！老大！

識相的話，就把你夥伴的行蹤告訴我，不然我就對你不客氣了。

有本事就來呀！我才不會告訴你呢！

好久沒見到像你這麼嘴硬的傢伙了。馬屁精，好好招待他！

是！老大！

看我的！
衝！衝！衝呀！

太好了！前面
沒有火了！

那是前幾天發生
大火時，消防員挖的
防火溝！跨過去就
暫時安全了！

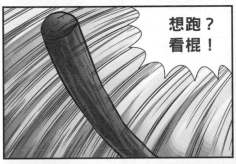

想跑？
看棍！

壞了我的好
事，還想逃？

你們這些愛管閒事
的小屁孩！我要好好
地教訓你們！

小陽！
快閃開！

又是你這該死的小鬼！

大壞蛋！束手就擒吧！

做夢！

讓你們嘗嘗我的厲害！

哇！

這觸手是哪來的！老闆！鬼怪出來啦！

你這壞蛋破壞森林，傷害動物，還欺負大小陽！

哇啊對不起！我再也不敢了！

老闆！

你們要為所作所為付出代價！

唉唷！不要……

求求你們饒了我吧！

嗚……好痛！對不起，我知錯了！

嗚——

嗚——

監獄將給你們足夠的時間好好反思自己的過錯！

森林是地球的財富，若人類為了一己私利毀壞森林，最終人類會吃下自己種下的苦果。

天災常識

防範於未然

俗語說：「預防勝於治療。」與其致力於探討如何撲滅森林大火，倒不如做足防範措施，才是避免不必要的人命和財物傷亡的最佳方法。政府是防火意識及行動最重要的推行者，政府可透過宣導、嚴厲執法、加強偵測技術及建立防火設施等計畫來減少山火的發生。

宣導

政府可透過媒體、學校、公益廣告和新聞等等，向大眾宣導森林對人類的重要性。例如，森林可以調節氣候，改善我們的居住環境，也為許多瀕臨絕種的動物提供良好的居住環境。政府也可舉辦防火運動，提高人民對森林大火的警覺性，讓人們擁有自發地保護森林的意識。

嚴厲執法

很多國家的小農民會以燒芭（火耕）的方式開墾農地，認為這樣的方法省錢又快速，但卻忽略了一旦火勢失去控制，後果將不堪設想。因此，政府應該嚴禁農民以燒芭的方式開墾農地，不管大集團或是小公司，一旦被發現燒芭開墾，都必須要嚴厲懲罰。

FOREST FIRE

加強偵測技術

星星之火，可以燎原。如果可以在火苗初起之時，就偵測到火源並發出火警，讓消防員及時前往救災，即可有效地阻止一場森林大火。所謂的偵測技術包括衛星系統偵測器、使用人力巡邏或利用紅外線等方式監測森林的情況，這些都是有效的預防技術措施。

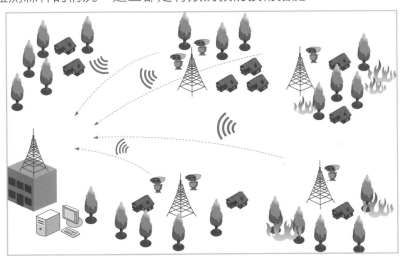

航空巡護

在偏遠、人煙稀少、交通不便的林區，應用小型飛機或直升機進行巡護。發現火源或火勢尚小時就能及時通報，第一時間為消防員提供有關火場位置、面積和火災種類的可靠資訊。

（圖片源自：www.dingsheng.com）

國家圖書館出版品預行編目（CIP）資料

小太陽奇遇探險王～天災警報系列4《烈火焚
林》森林大火篇／蔡寶如，碰碰腦創意工作室
著；汪昊繪 . -- 初版 . -- 臺北市：臺灣東販股份
有限公司，2024.02
136 面；14.8×21 公分
ISBN 978-626-379-214-2（平裝）

1.CST：森林火災 2.CST：防災教育 3.CST：安
全教育 4.CST：兒童教育

528.38   112021864

小太陽奇遇探險王～天災警報系列❹
《烈火焚林》森林大火篇

2024 年 2 月 1 日初版第一刷發行

著　　者　蔡寶如、碰碰腦創意工作室
漫　　畫　汪昊
主　　編　陳其衍
美術編輯　林泠
發 行 人　若森稔雄
發 行 所　台灣東販股份有限公司
　　　　　＜地址＞台北市南京東路 4 段 130 號 2F-1
　　　　　＜電話＞（02）2577-8878
　　　　　＜傳真＞（02）2577-8896
　　　　　＜網址＞ http://www.tohan.com.tw
郵撥帳號　1405049-4
法律顧問　蕭雄淋律師
總 經 銷　聯合發行股份有限公司
　　　　　＜電話＞（02）2917-8022

益智
學習單

FOREST FIRE

01

引發森林大火必須具備三個條件，以下何者不屬於引發森林大火的主因？

A. 可燃物　B. 火源　C. 氧氣　D. 二氧化碳

02

森林大火按性質可歸為幾個類別，下列何者不是本書中所列出的分類大項？

A. 地表火　B. 地下火　C. 營火　D. 樹冠火

03

地下火是因為地面下埋藏著何種礦產的地層接觸到空氣之後，產生自燃而引發的？

A. 煤　B. 鈾礦　C. 石油　D. 石墨

04

森林火災以受害面積為標準可分為四類，請問受害面積在100平方公尺以上，不足1000平方公尺的被分類為以下何者？

A. 森林火警　　　B. 一級森林大火
C. 重大森林大火　D. 特大森林大火

05 森林對於自然環境與生態具有許多重要的作用，以下何者不屬
於其中森林所具備的好處？

A. 減少二氧化碳　　B. 抵抗流行病病毒
C. 涵養水源　　　　D. 提供動物棲息地

06 一座森林的成長需要數十年甚至更久，一旦發生山火就會造成
許多危害，以下何者不屬於森林大火所引發的災害？

A. 水土流失引發山洪　B. 動物失去棲息地
C. 空氣嚴重污染　　　D. 引發颱風

07 世界上每天都會發生大大小小的森林大火，而根據統計下列哪
個國家是屬於發生最多次森林大火的國家？

A. 美國　B. 印度　C. 英國　D. 中國

08 森林大火主要是由於有人為或天然火源的產生，以下何者不被
列為引發山火的人為火源？

A. 農民焚燒田間雜草　B. 煙火　C. 火山爆發　D. 野外燒烤

FOREST FIRE

09 當不幸遇到森林火災時，逃生時應該要「趴低姿勢」行進以避免吸到濃煙，原因是因為濃煙具有何種特性？

A. 濃煙會追著挺直身體的人跑　　B. 濃煙比較輕，會漂浮在上方
C. 濃煙具有向光性　　　　　　　D. 濃煙含有大量有毒氣體

10 當不幸碰上森林大火時，必須遵守保命的基本應對方式，才能提高生存的機率，以下何者是錯誤的逃生方式？

A. 盡量保持呼吸順暢　　　　　　B. 往逆風的方向跑
C. 用濕毛巾或衣物遮住口鼻　　　D. 當處在半山腰時，要往山上衝

11 為什麼當森林大火燃燒所產生大量的黑色物質流入河中之後會直接造成河中的魚死亡？

A. 河水變黑遮住魚的逃生視線　　B. 使河水水溫上升，魚被高溫煮熟
C. 大量一氧化碳讓魚無法呼吸　　D. 黑色物質具黏稠性

12 當森林火災發生在交通不便的偏遠山林區，通常會採用以下何種方式來形成隔離帶阻止火勢蔓延？

A. 用飛機噴灑滅火劑　　B. 人工降雨　　C. 風力滅火　　D. 挖防火溝

解答

01：**D**　02：**C**　03：**A**　04：**C**

05：**B**　06：**D**　07：**A**　08：**C**

09：**B**　10：**D**　11：**B**　12：**A**

答對10～12題

真厲害！你是森林大火知識小高手，已經把本書的森林大火相關知識都吸收成自己的知識了喔！

答對7～9題

雖然有些森林大火知識還沒有吸收，但已經很棒了，只要再複習一下，一定可以答對更多題。

答對4～6題

喔喔！竟然有一半的題目沒答對，我還有很大的進步空間，讓我再好好的從頭閱讀一遍！

答對0～3題

OMG！我只答對這麼少題，到底是哪些內容沒看懂呢？我要更認真學習一下才行！

FOREST FIRE